Rezas
que o povo reza

Nívio Ramos Sales

Rezas
que o povo reza

10ª edição
3ª reimpressão

PALLAS

Rio de Janeiro
2020

Copyright© 1985, by
Nívio Ramos Sales

Produção editorial
Pallas Editora

Copidesque
Gisele Barreto Sampaio

Revisão
Ieda Raro Schmidt

Diagramação
Vera Barros

Capa
Renato Martins

Ilustrações de capa e miolo
Flor Opazo

Todos os direitos reservados à Pallas Editora e Distribuidora Ltda. É vetada a reprodução por qualquer meio mecânico, eletrônico, xerográfico etc., sem a permissão por escrito da editora, de parte ou totalidade do material escrito.

CIP-BRASIL. CATALOGAÇÃO-NA-FONTE.
SINDICATO NACIONAL DOS EDITORES DE LIVROS, RJ.

S155r Sales, Nívio Ramos
Rezas que o povo reza / Nívio Ramos. – 10ª ed.
Rio de Janeiro: Pallas, 2011

Inclui bibliografia

ISBN 978-85-347-0319-2

I. Superstição. I. Título.

98-0506
CDD 398.41
CDU 398.3

Pallas Editora e Distribuidora Ltda.
Rua Frederico de Albuquerque, 56 – Higienópolis
CEP 21050-840 – Rio de Janeiro – RJ
Tel./fax: (021) 2270-0186
www.pallaseditora.com.br
pallas@pallaseditora.com.br

SUMÁRIO

Introdução ✦ 9

Rezas para Casar ✦ 11

    Pedido a Santa Helena ✦ 12
    Oração à estrela ✦ 13

Rezas Curadoras ✦ 15

    Oração para tirar argueiro ✦ 16
    Oração para dor de barriga ✦ 16
    Oração para campainha caída ✦ 17
    Oração para cólicas ✦ 18
    Oração para dor de dente ✦ 19
    Oração para curar espinhela caída ✦ 20
    Oração para curar ínguas ✦ 21
    Oração para curar malefícios ✦ 21
    Oração contra mau-olhado ✦ 22
    Oração contra mau-olhado ✦ 23
    Oração contra mau-olhado ✦ 24
    Oração para mulher grávida ✦ 25
    Oração contra dor ou moléstia na língua ✦ 26
    Oração para curar olhado ✦ 27
    Oração para dor de pontada e ventosidade ✦ 28
    Oração para curar todos os males ✦ 29
    Oração para a erisipela ✦ 30
    Oração do saber ✦ 31
    Oração para dor de ventosidade e todas as dores ✦ 32
    Oração para eliminar verruga ✦ 33

Rezas de Defesa ✦ 35

    O Credo ao avesso ✦ 36
    Oferecimento do Credo ✦ 37
    Oração ao anjo da guarda ✦ 38
    Oração para fechar o corpo ✦ 39
    Oração para fechar o corpo ✦ 40
    Oração para fechar o corpo ✦ 41
    Oração de defesa ✦ 42
    Oração de defesa ✦ 42
    Oração contra feitiço ✦ 43
    Oração contra os inimigos ✦ 45
    Oração para amansar os inimigos ✦ 45
    Oração contra qualquer espécie de inimigo e morte repentina ✦ 46
    Oração para afastar o mal ✦ 47
    Oração contra o mal ✦ 48
    Oração contra o mal ✦ 49
    Oração para afastar mau espírito ✦ 49
    Oração para afastar maus espíritos ✦ 50
    Oração para entrar no mato ✦ 50
    Oração de Nossa Senhora das Candeias ✦ 51
    Oração de Nossa Senhora do Desterro ✦ 52
    Oração de Proteção ✦ 53
    Oração a Santo Antônio para ficar invisível ✦ 54
    Oração das 13 palavras ditas e arretornadas ✦ 55
    Oração para quem vai viajar ✦ 56
    Oração para viagem ✦ 57
    Oração de proteção para viagem ✦ 58

Rezas para enfeitiçar ✦ 59

    Oração para abrandar os corações ✦ 60
    Oração para enfeitiçar ✦ 61
    Oração para enfeitiçar ✦ 62

Oração da estrela ◆ 63
Oração da pedra cristalina ◆ 64
Oferecimento ◆ 65
Rosário de Santo Antônio ◆ 65
Oração ao Sol ◆ 66
Rosário das Almas Santas do Cemitério da Bahia ◆ 67

Rezas de Oferecimento ◆ **69**

Oferecimento do Credo para quando se viaja ◆ 70
Padre-Nosso para doutrinar maus espíritos ◆ 71
Rosário apressado da Virgem da Conceição ◆ 72

Rezas para vários fins ◆ **73**

Oração para ganhar no bicho ◆ 74
Oração a São Benedito ◆ 75
Oração a São Pedro para se certificar
  de alguma coisa ◆ 76

Rezas de Súplicas ◆ **77**

Novena das almas ◆ 78
Oração para apartar sangue ◆ 80
Oração para atalhar sangue correndo ◆ 81
Oração à santa estrela do céu ◆ 82
Oração ao Santíssimo Sacramento ◆ 83
Oração a Santo Antônio Pequenino ◆ 84
Oração a São Jorge ◆ 84
Oração às Sete Estrelas ◆ 85

Bibliografia ◆ **86**

INTRODUÇÃO

As *Rezas que o povo reza* fazem parte da realidade social de um povo humilde e pouco alfabetizado que não teve acesso à cultura da classe dominante.

Por essa razão, essas rezas podem parecer, à primeira vista, fora de contexto, ininteligíveis, desconexas. Todavia, essa impressão não corresponde à realidade, uma vez que não leva em consideração que todo grupo social é capaz de produzir sua própria cultura.

Talvez a utilização de uma linguagem simples e própria, só entendida por essa mesma camada que a gerou, tenha colaborado para formar essa opinião depreciativa e cautelosa a seu respeito.

A verdade é que, se observadas com atenção, essas rezas revelam poesia, sabedoria e, acima de tudo, a fé desse povo que delas se utiliza para pedir a interferência divina nos mais variados casos. Sua própria existência representa o legado recebido e transmitido, há gerações, da luta, da fé e da coragem para vencer as dificuldades do cotidiano e que, por escapulir do âmbito oficial, não está devidamente registrada.

Essas *Rezas que o povo reza* foram retiradas de diversas fontes. A princípio, foram pesquisadas em Alagoas, com as rezadoras de Piacabuçu, dos cadernos de anotações pertencentes à irmã e à tia do autor que lá vivem, da mãe-de-santo Tauaqueci e, finalmente, de uma fonte bibliográfica.

Esperamos que esses conhecimentos possam ser aceitos e utilizados por todos aqueles que acreditam na força da fé e da sabedoria popular.

Nívio Ramos Sales

REZAS
PARA CASAR

Pedido a Santa Helena

Minha virgem Santa Helena, gentil vós fostes, cristã vos tornastes, sal jantastes, sal ceiastes, em grossas areias andastes, com a cruz de Cristo vós sonhastes e fostes a ela três cravos tirar. Um destes ao vosso filho, São Gonstantino, outro atirastes no mar sagrado e, este que trazeís na mão, dai-me ou emprestai-me para ver se com ele eu sonho com *fulano(a) de tal*. Se me caso com fulano(a) de tal e tenho de ser feliz, mostrai-me tudo ao contrário e obsequiai-me.

Rezar a Salve-Rainha até o "nos mostrai".

Oração à Estrela

Minha estrela do céu brilhante, eu vos busco e acho. Oh, São Tomás, eu amo São Tomás. Eu vos peço três pedidos pelas coroas que Jesus Cristo foi coroado. Vos peço que *fulano de tal* me ame do fundo de seu coração. Pelos três cravos que Jesus Cristo foi coroado, que tu, *fulano*, não hás de comer, que te mate a fome, nem água que tu possas beber, nem sono que te faça dormir enquanto não falares comigo. Meu Senhor São Tomás, se vós atenderdes os meus pedidos, vos rezarei três Pais-Nossos até ele chegar, que quando ele vier, as outras fujam como cinza e carvão. Quando vós espiardes para mim, fiqueis como uma rosa aberta em vosso coração.

Pai-Nosso e Salve-Rainha.

REZAS
CURADORAS

Oração para Tirar Argueiro

Corre, corre, cavaleiro
Pela porta de São Pedro,
Vai dizer a Santa Luzia
Que me mande o lenço branco
pra tirar esse argueiro.

Oração para Dor de Barriga

Água no mar sagrado,
Água de muita valia,
Água fria corre de noite, corre de dia,
Corre toda hora do dia,
Com os poderes de Deus e da Virgem Maria,
Assim passa essa dor de barriga,
Com os poderes de Deus e da Virgem Maria.

Repetir três vezes, usando três ramos verdes, fazendo sinal da cruz várias vezes. A seguir, rezar um Pai-Nosso para Nossa Senhora da Boa Vida e Nossa Senhora da Saúde.

Oração para Campainha Caída

Explicação: Suspender o queixo, puxar as orelhas e suspender a croa[1] da cabeça com as mãos sujas de cinza.

O padre vestiu-se e arrevestiu-se[2] e subiu pro altar, campainha caída passa pra teu lugar. Campainha caída Deus que te botou. Deus que te adornou, Deus que te levantou com os poderes de Deus Padre, Deus Filho e Deus Espírito Santo, amém.

Rezar três vezes, depois rezar um Pai-Nosso e uma Ave-Maria em intenção à hora da missa em que o padre subir para o altar.

---

1   Croa – coroa.
2   Arrevestiu-se – revestiu-se.

Oração para Cólicas

Terra, mar e Sol,
Terra que Deus escondeu.
Onde está essa dor de barriga?
Esse meu Jesus Cristo retirou.
Gomo diz, corre vento,
Corre, cura com Jesus Cristo aqui na cura,
Com esse vento, corre, cura,
Corre na veia colocado pra ficar
   naquela criatura.
Com o nome de Deus Pai, Deus Filho,
   Espírito Santo,
Esse mal será retirado.

Oração para Dor de Dente

Fazer nome do Pai.
Lua nova hoje que te sei,
Livre de dor de dente,
Livre de má gente,
Livre de fogo ardente,
Senhor Jesus Cristo no altar
Também te livre de maus bichos peçonhentos.

Esse dente seu tem de quebrar
Esse dente seu tem de rebentar
Esse dente seu tem de abalar
Esse dente seu tem de sarar

Esse dente seu tem de ir para as
 ondas do mar
Para as ondas de Belém

Com Deus adiante e a paz na guia
 da Virgem Maria.
Amém.

Repetir três vezes essa oração. No decorrer da reza, fazer três cruzes no lugar doído, com o dedão para cima.

Oração para Curar Espinhela Caída

Com um cordão medir do extremo do dedo mínimo ao extremo do cotovelo e de um ombro ao outro. Botar o cordão em cima da espinhela, a rezadeira segura um extremo e o doente o outro.

Deus, o Sol e a Lua nascem do mar; raio, tempestade, todo o mal, Deus abrandou, subiu pro seu trono, tudo no mundo deixou, arca, espinhela, ramo, fraqueza, agonia, aflição, tudo Ele levantou com as graças mesmo, com as mesmas graças, tudo ficou bom, tudo se levantou.

Rezar o Pai-Nosso e oferecer:

"Ofereço esta reza a Jesus, José e Maria, para sempre seja a vontade de vós, meu Deus."

Oração para Curar Ínguas

Fitando uma estrela no céu, repetir três vezes.
Minha estrela rica e bela
Esta íngua diz que morrei
vós e viva ela.
Mas eu digo que vivei vós
e morra ela.

Oração para Curar Malefícios

Nosso Senhor me perguntou:

– De que tratas, Maria?

– Eu trato de aquisidade[3] gota-coral, de feitiço, malefício, caborje, azar, se por acaso fulano tiver algum desses males, os tais males, na areia do rio vão parar; eu te curo, fulano, se o mal tiver na cabeça, se tiver nesta banda, na tua frente, deste lado e no fundo, pois Nosso Senhor Jesus Cristo é por todo mundo.

Rezar três Ave-Marias, em seguida.

---

3   Aquisidade (não encontrado o termo)

Oração contra Mau-Olhado

A cruz de Jesus foi feita em mim.

Para afugentar meus inimigos e minhas inimigas para bem longe de mim.

Quando eu morrer, Deus responde por mim.

Pisei meus pés na terra com a alma em dia com amparo de Deus e da Virgem Maria.

A terra treme, a cruz treme, mas não treme Jesus. Assim como a terra treme, e a cruz treme, não treme Jesus. Assim não tremerei eu, nem de arcas, feitiçarias, nem espírito perverso no meu corpo entrará, nem arca, nem feitiçaria, hão de renunciar em sala escura.

Onde foi feita a cadeia para prender o Satanás e as más obras do Satanás.

O anjo da guarda há de me guardar da noite pro dia em todas as horas em que eu andar, a Virgem Santíssima que me ilumina com três velas acesas e sete anjos da guia há de me ajudar.

Oração contra Mau-Olhado

Senhor São João, Senhora Santa Isabel Coroada desceu do seu fino trono com seus santos poderes para curar *fulano* de quebrantos e olhados que nele botaram.

Se foi na boniteza, se foi no olhar, se foi nas carnes, se foi no andar, se foi nos cabelos, se foi na simpatia, se foi na limpeza, se foi na bondade, se foi nos negócios, se foi nos interesses, com dois te botaram, com três eu te tiro, olhado maldito sai daqui, que a cruz de Deus anda sobre ti, Senhor São José, Santo Antônio muito amado, e Santa Isabel Coroada, retirem do corpo de *fulano* quebrantos e olhados.

Rezar um Pai-nosso e uma Ave-Maria, Glória-ao-Pai. Oferecer às cinco chagas de Nosso Senhor Jesus Cristo.

Oração contra Mau-Olhado

Fulano, se foi mulher, se foi moça, ou se foi velha, ou se foi negra, ou se foi menino que botou olhado no teu cabelo, na tua cor, nos teus olhos, na tua boniteza, na tua feiúra, na tua magreza, nos teus braços, nas tuas pernas, na tua esperteza. Porque não me dissesses que eu te curaria com os poderes de Deus e da Virgem Maria, com um Pai-Nosso e uma Ave-Maria, *fulano*, Deus te fez, Deus te criou, Deus acanhe quem te acanhou. Olhado vivo, olhado morto, olhado excomungado vai-te para as ondas do mar sagrado.

Fazer o sinal da cruz na pessoa de quem se quer retirar o olhado com três ramos de arruda. Terminar rezando três Pais-Nossos, três Ave-Marias e três Glória-ao-Pai.

Oração para Mulher Grávida

– Aonde vais, Bartolomeu?
– Vou visitar Nosso Senhor.
Na casa que ele passar não morre mulher
de parto, nem criança afogada.
Levantou de madrugada, o seu bastão na
mão pegou.
No caminho, caminhou.
– Aonde vais, Bartolomeu?
– Correr pra sacristia.
Encontrei Nossa Senhora com um ramo na mão.
Eu pedi a ela um galhinho,
Ela me disse que não.
Eu tornei a pedir a ela,
Ela me deu seu cordão.
O cordão tão grande era, que arrastava pelo chão.
Sete voltas que me deu ao redor do coração.
São Francisco e São João
Desatai esse cordão
Que amarrou Nosso Senhor,
Sexta-feira da Paixão.
Estou rezando esta oração
Para a Virgem da Conceição
Que esse mal do nosso corpo
Não abale o coração.

Repetir três vezes, fazendo o sinal da cruz.

Oração contra Dor ou Moléstia na Língua[4]

Deus, quando andou no mundo, todos os males Ele curou. Assim curo eu, *fulano*, do ar roxo, do ar verde, do ar amarelo, do ar estupor, do ar de tristeza, do ar de agonia, do ar de risada, do ar de hiprecúndia[5], do ar de nervoso. Que saia do encaixe de tua língua, do meio de tua língua, do pé da tua língua, da ponta da língua.

Que saia. E nas ondas do mar sagrado vá estourar.

---

4   Dulce Chacon, *Receitas Mágicas*, 1973, Recife, PE (do livro *Medicina Popular em Alagoas*, de José Pimentel de Amorim).
5   Hiprecúndia = hipocondria.

Oração para Curar Olhado

Com dois te botaram, com quatro te tiro, com dois olhos de Nosso Senhor Jesus Cristo, dois olhos de São João, sai olhado maldito, vai-te para as ondas do mar sagrado, com os poderes de Jesus, José e Maria, que Deus pode com tudo, olho mau com nada pode, corpo maldito para todo sempre, amém.

Rezar um Pai-Nosso e uma Ave-Maria, em intenção de quem colocou e, outro, em intenção de São João e de Jesus Cristo, para afastar o olhado maldito dos teus olhos.

Oração para Dor de Pontada e Ventosidade

Iam Jesus e José a uma longa viagem. Jesus ia indo e José ia ficando. Jesus disse a José:

– Que tendes?

José respondeu a Jesus:

– Dor de pontada e ventrusidade[6], Senhor.

Jesus disse a José:

– Chega para diante, José, que assim como Eu fui são e salvo de minhas cinco chagas, assim será *fulano* livre, são e salvo de sua dor de pontada e ventrusidade.

Rezar Pais-Nossos, Ave-Marias, nove vezes, pelas cinco chagas de Jesus, dividindo-as em três vezes.

---

6   Ventrusidade = Ventosidade.

Oração para Curar Todos os Males

Nascer do Sol, cruzar os braços.

Deus te salve, santo dia, Deus te salve, quem te cria, Deus te salve no Divino Espírito Santo, Deus te salve nas três pessoas da Santíssima Trindade. Meu Deus, Senhor Jesus Cristo, se andar alguma coisa ruim, alguma maldade contra meu corpo, contra minha alma ou alguém de minha família, pelo santo dia de hoje, Jesus, ave Maria, ave Maria, ave Maria, para que vivam paradas com a minha família toda as graças de Jesus, José e Maria, o divino Espírito Santo, na nossa companhia para sempre.

Oração para Erisipela

Rosa branca, rosa preta, rosa amarela,
Rosa azul, rosas de todas as cores.
Assim como todas as flores murcham
Murche a enfermidade desta fraca criatura.
Esipra[7], erisipela,
Deu no tutano.
Do tutano deu no osso,
Do osso deu no nervo,
Do nervo deu na carne,
Da carne deu na veia,
Da veia deu no sangue,
Do sangue deu na pele,
Da pele saiu, foi para as ondas do mar,
Para nunca mais voltar.

Repetir três vezes usando três ramos verdes em sinal da cruz, várias vezes. A seguir, deve-se rezar uma Ave-Maria para Jesus Cristo.

---

7   Esipra = erisipela.

Oração do Saber

Jesus está aqui presente
A mando do Pai eterno
Pra afugentar feitiço e malefício
Inhacas, doenças e suas perdas
do sangue e do intestino.
Creio que Jesus representa entre nós
o pedido que está no sangue preciosíssimo.
Se esta doença estiver no seu corpo,
Procure seu lugar.

Oração para Dor de Ventosidade e Todas as Dores

Usar um olho de pião para fazer o sinal da cruz.

O Sol e a luz nascem do mar, no coração de Jesus tudo é nascido, Sol, Lua, ventuosidade,[8] constipação, reumatismo, fraqueza de coração, dor de ventuosidade causada nos ossos quem tira é Jesus, a Virgem Maria e São José com as três barquinhas, três pancadas, três virgens e três luzes. E com as mesmas pancadas sai dor de ventuosidade causada, sai reumatismo, sai fraqueza de coração. Lua, sereno, claridade, salvo estou, salvo estarei, salvo, salve. Onde está essa doença toda? Já debaixo da pedra dare. Quem botou? Jesus, Maria e José para ser planta, pra não mais voltar, e se ela quiser vir? No caminho será empatada com as três cruzes: na frente está, na frente ela estará de todos os males, no mar estará e lá mesmo há de ficar, e no corpo de *fulano(a)* não há de entrar, pois as três cruzes hão de empatar.

Oferecer um Pai-Nosso e uma Ave-Maria à Nossa Senhora do Desterro e à Sagrada Paixão de Cristo.

---

8   Ventuosidade = ventosidade – frases.

Oração para Eliminar Verruga[9]

Jogar três pedras de sal no fogo, dele se afastando em desabalada carreira, levando as mãos ao ouvido para não ouvir o sal "estalar". Durante a carreira, o que tem verruga deve gritar:

O sal está queimando,
A verruga se acabando.
O sal está queimando
A verruga se acabando.

---

9   Eduardo Campos, *Medicina Popular do Nordeste*, 1967, Edições O Cruzeiro, RJ

REZAS
PARA DEFESA

O Credo Ao Avesso

Amém. Eterna vida na, carne da ressurreição na, pecados dos remissão na, santos dos comunhão na, católica igreja santa na, Santo Espírito no creio. Mortos os e vivos os julgar a vir de há donde, poderoso-todo Pai Deus de direita à sentado está, céus aos subiu; dia terceiro ao ressuscitou; mortos dos mansão à desceu, sepultado e morto, crucificado foi, Pilatos Pôncio sob padeceu, Maria Virgem da nasceu; Santo Espírito do poder pelo concebido foi que; Senhor Nosso, Filho único seu, Cristo Jesus em e; terra da e céu do Criador, poderoso-todo Pai Deus em creio.

Oferecimento do Credo

Eu vivo com Jesus, meu sinal da santa cruz, meu Jesus crucificado, para que me livre, ó Deus, meu corpo do perigo, minha alma do pecado.

Deus me dê companhia como deu à Virgem Maria; na barca de Noé me tranco, com a chave de São Pedro eu me tranco, com o Santíssimo Sacramento me abraço, para que livre, ó Deus, meu corpo do feitiço, malefício; meu Jesus de Nazaré, eu entrego o meu corpo a Jesus, Maria e José. Amém.

Oração ao Anjo da Guarda

Valei-me, anjo de minha guarda, anjo de minha guarda será o Senhor São João Batista, Senhor São Paulo e todos os santos da corte do céu.

Meus inimigos tornam-se debaixo de meu pé, assim como Jesus fez com São Salomão.

Com o sangue de Nosso Senhor Jesus Cristo, ninguém me ofenderá, nem pólvora de fuzil; para me bater há de ser como coco, torna a bater e corre a água pela espingarda, torna a bater, com os freixos do sangue de Nosso Senhor Jesus Cristo eu serei guardado, com o leite da Santíssima Virgem serei cruzado, com Jesus Cristo serei guardado entre o ventre da Santíssima Virgem Maria. Amém.

Oração para Fechar o Corpo

Deus é Sol, Deus é a Lua, Deus é a quilaridade[10], e Deus é o sumo da verdade. Assim como Deus é o Sol, Deus é a Lua, Deus é a quilaridade, e Deus é o sumo da verdade, tire o ar preto, o ar amarelo, o ar mudo, o ar surdo, o ar estoporado, o ar de quentura, o ar de nervoso, o ar de nervagia,[11] o ar de reumatismo, o ar de parlesia, o ar de ventrusidade,[12] o ar de frieza, o ar de moléstia do tempo; tire da cabeça, da carne, dos nervos, das juntas, para ir para as ondas do mar.

Os frutos do Espírito Santo são 12: um é gosto, dois é paz, três é caridade, quatro é paciência, cinco é grandeza de amigo, seis é bondade, sete é dignidade, oito é mansidão, nove é fé, dez é modéstia, 11 é cunstiniência,[13] 12 são os 12 apóstolos de Nosso Senhor Jesus Cristo, para livrar *fulano* do ar preto, do ar amarelo, do ar mudo, do ar surdo, do ar estoporado, do ar de quentura, do ar de nervoso, do ar de nervagia, do ar de reumatismo, do ar de parlesia,[14] do ar de ventrusidade, do ar de frieza, do ar de moléstia do tempo.

Esta oração forte perde seu poder se a pessoa molhar durante o banho o breve feito com esta oração.

---

10   Quilaridade – não encontrada.
11   Nevralgia.
12   Ventosidade.
13   Continência.
14   Paralisia

Oração para Fechar o Corpo

Trago o meu corpo fechado com as chaves do santo sacrário. Dentro dele se encerra o meu Jesus Sacramentado, como no sacrário se encerra. E assim como vós, ó meu Jesus, o meu corpo será guardado, a minha alma não será maltratada pelos meus inimigos e o meu sangue não será derramado, porque tenho o meu Santíssimo Sacramento para o guardar e a Virgem Maria para me livrar de malefícios, bruxarias e feitiços. No meu corpo não entrarão, que coberto com o sagrado manto da Virgem Maria, borrifado com o seu sagrado leite e trancado com o meu Jesus Sacramentado com as chaves do Santo Sacrário e com o Credo em cruz, misericórdia. Aleluia.

Oração para Fechar o Corpo

Salve Rainha, Mãe de Misericórdia, Virgem das Virgens das onze mil virgens, Rainha do Céu, Senhora do Mundo, Consoladora dos aflitos, refúgio dos pecadores, Senhora vos peço e rogo pelas vossas sete espadas de dores, que me defendei de todos os inimigos. Guardai-me, Senhora, assim como guardastes o Vosso Santíssimo Filho no vosso Santíssimo ventre, nove meses justos, assim bem guardai-me a mim, Maria, criatura vossa, dos olhos dos meus inimigos, olhos terão, mas não me verão; boca terão, mas contra mim não falarão; mãos terão, mas a mim não ofenderão. Todas as armas que para mim trouxerem cair-lhe-ão das mãos. Pés terão, mas atrás de mim não andarão; quando me avistarem tremerão tanto quanto tremeu a terra e a cruz na morte de Jesus. Assim como o Senhor envultou a chegada do Rio Jordão, assim eu me envultarei dos olhos dos meus inimigos. Amém.

Oração de Defesa

Valei-me, espada divina
Valei-me, os braços da cruz.
Valei-me, meu pai do céu,
e socorrei-me,
meu coração de Jesus.

Oração de Defesa

Salva saí, salva cheguei.
Salva estou, salva estarei.
Na pia do Senhor São João Batista
me batizei.
Na barquinha de Noé, eu entrei.
Com Bom Jesus eu me abracei,
na cruz do Senhor São Pedro
eu peguei, com ela me benzerei, para
que ninguém me ofenda, nem eu o
ofenderei.
Maria, inimigo seu lá vem.
Deixai-o vir, Senhor, que eu
não vejo quem me vença, que
tenho a meu favor três coisas
que me são defesa:
O leite de Nossa Senhora,
Credo!
O sangue de Nosso Senhor,
Credo!
As hóstias consagradas,
Credo!
Jesus, Maria e José,
Credo em cruz, amém, Jesus.

Oração contra Feitiço

Fulano, o Pai te acompanhe,
O Filho te dê luz
Te valham os poderes de Jesus.
Jesus Cristo queira te valer,
te dê forças e sustança,[15] para
as palavras de Jesus Cristo receber.

A tua saúde, Jesus Cristo queira te conceder, *fulano*, se tu tens olhado, vento ruim, vento mau, sezão, maleita, e impaludismo, malvadeza, coisas feitas, rastro apanhado, credos encruzados, para que tu não me digas que eu vou te rezar. Jesus é quem vai te curar, com as três palavras de Deus e da Virgem Maria, que é Pai, Filho, Espírito Santo, um só Deus verdadeiro, *fulano*, com dois te botaram, com três Deus arretira. Com as três palavras de Deus e da Virgem Maria, do teu corpo eu arretiro o olhado, quebranto, ruindade, mofineza, calacanga, olhos maus, vistas crescidas, vento ruim, vento mau, sezões, maleita, impaludismo, enxaqueca, rastros apanhados, credos encruzados. Todos estes males apartados para as ondas do mar sagrado e cá mais nunca voltará, que ao teu lado Deus está para te salvar de todo o mal. *Fulano*, se te botaram olhado, na tua saúde, Virgem Pia. Se foi na tua esperteza, Nossa Senhora da Guia. Se foi no teu trabalho, se foi na tua beleza, se foi no teu trajar, Ave-Maria; se foi na tua presença, Credo em Cruz, Ave-Maria, se foi nos teus olhos, Senhora Santa Luzia.

Olhado branco, olhado preto, olhado estoporado, olhado excomungado, olhado amaldiçoado, olhado abençoado. Todos esses males do teu corpo apartado, botados pras on-

---
15 Sustância, força.

das do mar, com os poderes de Deus e da Virgem Maria e o Divino Santíssimo Sacramento do altar. *Fulano*, se te botaram olhado pelas tuas costas, São Costa, se foi pela tua frente, São Vicente. *Fulano*, Jesus por ti, Jesus é Pai de ti, *fulano*, tendo Deus e Jesus por ti, ninguém pode ser contra ti, e tem a flor de Jesus, e tem a hóstia consagrada, e tem o mistério da cruz, o teu corpo é uma cruz, dada por Jesus. *Fulano*, Deus te fez, Deus te gerou, Deus te criou, Deus te desacanhe, acanhe quem te acanhou. Vai-te olhado, vai-te para quem te botou, vai-te para quem te olhou, vai-te para quem desejou, com os poderes de Deus. Assim seja.

Fulano, o sangue de Jesus te lavou, o sangue de Jesus te limpou, com o sangue de Jesus estás lavado, estás limpo, estás curado. Quem com sangue de Jesus se lava vive salvo. Pai-Nosso, Salve-Rainha e o Credo.

Oração contra os Inimigos

A cruz de Cristo eu faço em mim. Que o poder de meus inimigos não possa contra mim.

Cristo que padeceu na cruz, responda por mim. Pai e mãe, valei-me. Filho, me dá a luz. Valei-me o santo nome de Jesus.

Oração para Amansar os Inimigos

Teu coração, *fulano ou fulana de tal*,
eu parto;
Teu sangue, *fulano ou fulana de tal*,
eu bebo;
Eu te trago preso, amarrado e arrojado
debaixo de meus pés.

Oração contra Qualquer Espécie de Inimigo e Morte Repentina

Meu Senhor do Bonfim, que sobre as águas andastes, hoje estais entre o cálix e a hóstia consagrada, treme a terra, mas não treme o coração do meu Senhor Jesus Cristo no altar, mas treme o coração dos meus inimigos, quando para mim espiarem, eu vos benzo em cruz e vós não benzeis a mim entre o Sol e a Lua e as estrelas, e as três pessoas da Santíssima Trindade, Pai, Filho, Espírito Santo; meu Deus na travessia avistais meus inimigos, meu Deus que faço com ele, com o manto de Maria sou coberto, com sangue no Senhor do Bonfim sou valido, se me atirarem, pelo cano da arma há de correr água, assim como correu leite no peito de Maria Santíssima para a boca do seu Divino Filho, se quiserem me passar faca, da mão cairá, cacete, foice, chucho,[16] que para mim afirmarem suspenso no ar há de ficar, assim como ficou Maria Santíssima ao pé da cruz esperando seu Bento filho, corda que me botaram aos meus pés tem que cair, as portas que me trancarem têm que abrir, assim como se abria o sepulcro de Nosso Senhor Jesus para Ele subir ao céu.

Oferecimento: "Com a força do Credo salvo eu sou, salvo serei, com a chave do Santíssimo Sacrário me fecharei."

Esta oração deverá ser posta no "breve". Para as pessoas possuírem esta oração, não precisam ler. Basta rezarem todas as sextas-feiras três Pais-Nossos, três Ave-Marias, três Santas-Marias, três Glória-ao-Pai às chagas de Nosso Senhor do Bonfim.

---

16   Clucho = pau de ponta com que o lavrador abre, na terra preparada, um buraco onde deposita a semente.

Oração para Afastar o Mal

Assim como Deus é o Sol, é a Lua, o mar, a flor, o pássaro, a árvore, o farol e o amor.

Retire para o meu descanso: o ar de espanto, o ar malandro, o ar de melancolia, o ar de galhofaria, o ar de traição, o ar de paixão, que consome o coração. O ar maledicente, o ar impertinente, o ar impaciente. Com os poderes de Jesus pregado na Santa Cruz; de Maria sempre pura, do Espírito Santo e de todos os santos, pra minha cura, minha felicidade, minha lealdade. Por tanta bondade, por tanto amor, Jesus, meu Senhor!

Oração contra o Mal

O minha Virgem da Conceição
Consolai-me o coração
Já está consolado, cheio de pecado e maldade
Por mim minha mãe custivera
Minha mãe é advogada
Não terei medo nem pavor de nada
Ceguinha com os olhos fechados
Com a fé muita verdade
Se hoje vem uma rosa no céu
Uma estrela no mar
No braço da Virgem Maria
Nossa rosa florida
Bendito seja o anjo que veio a saudar
No fim da meia-noite
Perdoai suamará virgem
Na porta de Belém Jajalém
Tem uma casa santa muito cheia de santo
Fazendo seus limpos jejuns
Sua devota oração
Que nesse mundo será
Rezar, rezar sexta-feira
Quaresma o tutano carnal
De má morte não morrerá
Mal sopro não viverá
Nem no inferno é de ir lá.
Por maior pecador que seja
Tão linda seja minha alma
Com o ramo da estrela, amém.

Oração contra o Mal

O meu Deus por este caminho bom e mau eu encontrei, os ruins se afastarão, os bons me acompanharão, o leite da Virgem da Conceição barrufa[17] o meu coração. O três sangues de mim na testa para que me livre do mal pensamento, três sangues em minha boca para que me livre, ó Deus, das más palavras, três sangues em mim no peito para que me livre do malefício que nasce do coração.

Oração para Afastar Mau Espírito

Custódio, amigo meu!
Custódio sim, amigo não!
Das doze palavras escritas e
reperguntadas, dize-me lá as treze
Doze raios levam o Sol,
Treze raios levam a Lua,
arrebenta-te, diabo, que esta
alma não é tua.

---

17   Variação de borrifa.

Oração para Afastar Maus Espíritos

Deus te fez, Deus te criou,
Deus te gerou, Deus te formou.
Que se desencante todo mal
que no teu corpo se entranhou.
Que o Espírito Santo glorioso
te acompanhe e te proteja
em nome do Pai, do Filho e do
Espírito Santo. Assim seja.

Oração para Entrar no Mato

Santo Antônio disse a missa
Jesus Cristo benzeu o altar
Esses bichos maus, peçonhentos
que tiver aqui dentro,
arretira que eu quero passar.

Rezar um Pai-nosso para São Bento.

Oração de Nossa Senhora das Candeias

Virgem Santíssima das Candeias, vós, que pelos infinitos merecimentos do vosso onipotente, tudo alcançais em benefício dos pecadores, de quem sois igualmente senhora e mãe. Vós que não desprezais as súplicas humanas, nem a ela fechais o vosso compassivo e misericordioso coração, iluminai-me, eu vos rogo, na estrada da vida, encaminhai os meus passos e minhas ações para o verdadeiro bem, livrai-me de todos os perigos a que está exposta a minha fraqueza, defendei-me de meus inimigos como defendestes vosso filho da perseguição que sofreu sendo menino. Não consintais que eu seja ofendido por ferro, fogo, nem por peste alguma e, depois de todos estes benefícios de vossa clemência nesta vida, conduzi a minha alma para a morada dos anjos, onde, com Jesus Cristo, Nosso Senhor, viveis e reinais, por todos os séculos. Amém.

Rezar um Pai-Nosso e uma Ave-Maria.

Oração de Nossa Senhora do Desterro

Valhei-me Santíssima Pureza e Castidade de Nossa Senhora do Desterro. Virgem antes do parto, Virgem no parto e Virgem depois do parto, ficando Ela sempre Virgem. Minha Mãe Santíssima, por estas palavras que comigo trago, vos peço que me livreis de todos os trabalhos, perigos, brigas, falsos testemunhos, tentação do demônio e de todos os pecados.

Quem esta oração trouxer consigo, não morrerá de peste, de morte súbita nem sentenciado à morte, nem afogado; será livre de tudo com o favor de Deus e de Nossa Senhora do Desterro. Na casa onde esta oração estiver, raio não cairá, mulher que se achar em perigo de parto, lançando esta oração ao pescoço parirá sem perigo. Rezam-se cinco Pais-Nossos e cinco Ave-Marias, oferecidos à Santíssima Mãe, Nossa Senhora do Desterro.

Oração de Proteção

São Rei da Judéia,
Preferido Senhor, pedimos
Que não revogueis a Divina Misericórdia
Por um maldito ou maldita que nos faz o mal
Preferido Senhor nosso Deus
Não revogueis a Divina Misericórdia para
   aquele judeu,
Que o mesmo Jesus Cristo que arretirou
   todo judeu,
todas praguejadas,[18] do demônio, da bruxaria,
do sete-línguas, do sete-chifres,
   do sete-encruzilhadas.
Que tudo que faz o demônio nós curamos com o nosso
Pai Jesus Cristo.
E o ventre da Virgem Maria.
E as três rebecas do Nosso Senhor Jesus Cristo.

Rezar um Pai-Nosso e uma Ave-Maria, oferecendo aos inimigos.

---

18   Todas as pragas.

Oração a Santo Antônio para Ficar Invisível

Meu glorioso Santo Antônio, num caminho escuro, caminho eu. Meus inimigos encontrarei, se tiverem olhos não me verão; se tiverem boca, comigo não falarão; se tiverem corda, não me amarrarão, os braços dos meus inimigos para mim enfraquecerão; os corações dos meus inimigos para mim brandos são; os pés dos meus inimigos atrás de mim não caminharão, porque eu vivo amparado no hábito do meu glorioso Santo Antônio.

Rezar um Pai-Nosso e uma Ave-Maria para o glorioso padre Santo Antônio e as cinco chagas da sagrada morte de Nosso Senhor Jesus Cristo e ao Anjo da Guarda.

Oração das 13 Palavras Ditas e Arretormadas

Anjo Custódio, queres ser salvo? – Sim, quero, Senhor. – Diz-me as 13 palavras ditas e arretornadas. – Digo por que o sei: Uma é o santo corpo de meu Senhor Jesus Cristo que viveu e viverá para dos meus inimigos me livrar; as duas tábuas de Moisés, onde Nosso Senhor sentou os seus santos pés; os três patriarcas do meu Senhor Jesus Cristo, Abraão, Joaque e Jacó; os quatro anjos evangelistas de meu Senhor Jesus Cristo, Lucas, Marcos, João e Mateus; as cinco chagas de meu Senhor Jesus Cristo, que tanto sofreu e padeceu para enfraquecer Lúcifer, e que assim enfraquecerá meus inimigos da alma e do corpo; os seis círios bentos que alumiaram o corpo santo de Nosso Senhor Jesus Cristo na santa casa de Jerusalém; os sete frades virtuosos; os oito corpos santos que em Roma foram achados; os nove coros de anjo; os dez mandamentos da Lei de Deus; as 11 mil virgens do Pai Eterno; os 12 apóstolos de meu Senhor Jesus Cristo; os 13 raios de sol que alumiaram o inferno do pequeno até o maior. Eu tenho em minha defesa para me defender e me livrar os 13 raios de Sol que alumiaram o inferno do pequeno até o maior; os 12 apóstolos de meu Senhor Jesus Cristo; as 11 mil virgens do Pai Eterno; os dez mandamentos da Lei de Deus; os nove coros de anjo; os oito corpos santos que em Roma foram achados; os sete frades virtuosos; os seis círios bentos que alumiaram o corpo santo de meu Senhor Jesus Cristo que tanto sofreu e padeceu para enfraquecer Lúcifer e que assim enfraquecerá meus inimigos da alma e do corpo; os quatro evangelistas de meu Senhor Jesus Cristo, Lucas, Marcos, Mateus e João; os três patriarcas de meu Senhor Jesus Cristo, Abraão, Joaque e Jacó; as duas tábuas de Moisés, onde Nosso Senhor sentou seus santos pés; o corpo santo de meu Senhor Jesus Cristo que viveu e viverá para os meus inimigos me livrar.

Quem me livra dos meus inimigos hoje por toda noite e amanhã por todo o dia? – São as treze palavras ditas e arretornadas. Que meus inimigos não se cheguem a mim, nem me prendam, nem me vençam, nem me firam.

Quem é que me livra hoje por esta noite e amanhã por todo o dia? – As treze palavras ditas e arretornadas; as treze varas de Israel. Que meus inimigos não se cheguem a mim, nem me prendam, nem me firam e nem me vençam.

Quem me livra hoje por esta noite e amanhã por todo o dia? – Os doze apóstolos, pois todos os doze respondem por mim, não me prendam, não me vençam, nem me firam. Amém.

Oração para Quem vai Viajar

Na Quinta-Feira Maior
Prendeu Pilatos a Jesus,
Na Sexta-Feira da Paixão
Tremeu a terra, tremeu a cruz,
E não tremeu Jesus.
Assim como tremeu a terra,
tremeu a cruz e não tremeu Jesus,
não tremerei eu
diante de meus inimigos. Amém.

Oração para Viagem

Bela hora,
Bela Nossa Senhora,
Assim como eu estarei,
O Espírito Santo estará
Acorrentando a linha corrente
Já amarrada no meu coração.
Rezar esta oração com Cristo Redentor
Que Deus arretirará todo mal,
Assim como São João me batizou
Que jurou lá na sacristia
Salve Cristo, salve a Sagrada Família
Me salve desse mal que vem contra mim.

Repetir três vezes no caminho das estrelas.

Oração de Proteção para Viagem

Salve 99!
Estarei eu salvo deste mal contagioso.
Salve 99!
Salve a mim com esse mal que tiver comigo.
Se for meu amigo e meu inimigo,
Soltarei a minha corda,
Como São João soltou misericórdia do templo,
Para batizar os fiéis inocentes.
Jesus Cristo veio presente
E disse: Salve o batismo cristão,
Esse mal sai de sua razão
E sai do seu corpo.

Obs.: Repetir três vezes, antes das viagens.

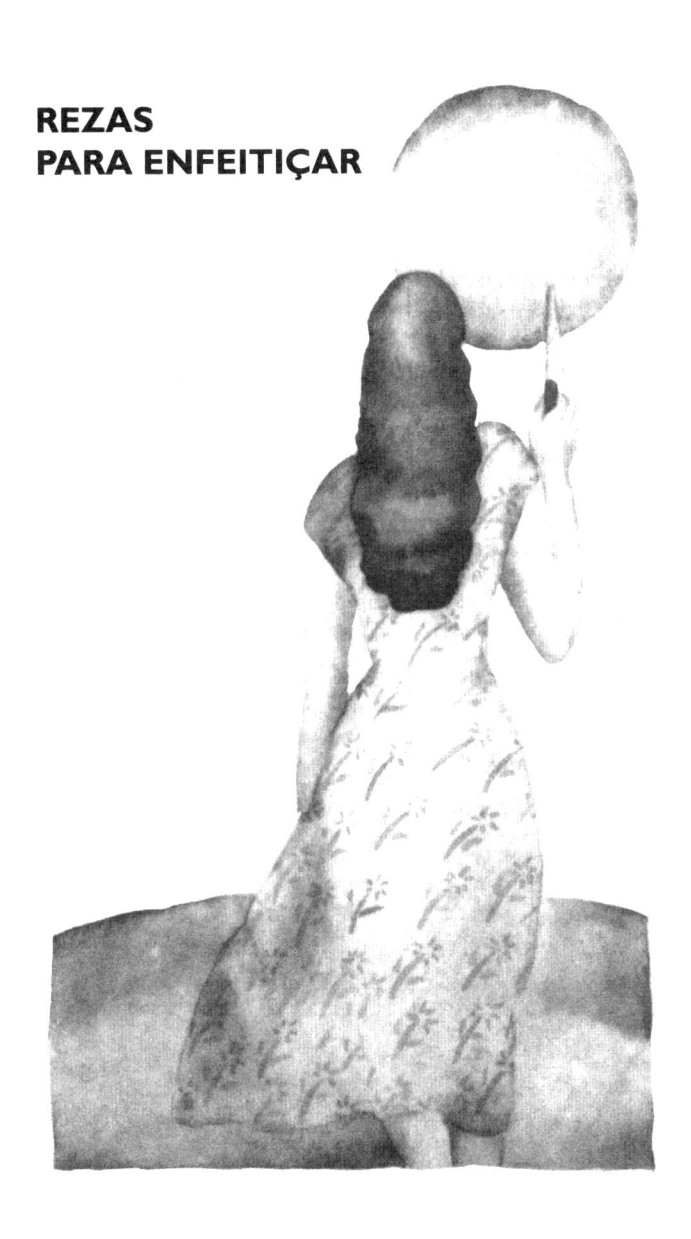

REZAS
PARA ENFEITIÇAR

Oração para Abrandar os Corações

Abranda-te, leão feroz, em primeiro lugar, Deus Pai; em segundo lugar, Deus Filho; em terceiro lugar, Deus Espírito Santo.

Fulano, Nosso Senhor Jesus Cristo abrande teu coração para mim, que tu não tenhas ódio nem raiva de mim.

Rezar um Pai-Nosso e uma Ave-Maria.

Oração para Enfeitiçar

Entre numa "venda", compre uma peça ou vara de fita e, olhando para as estrelas do céu, diga:

Três estrelas no céu eu vejo, onde Jesus anda, em quatro eu corto essa fita, em minha perna eu ato para que *fulano(a)* não possa beber, nem comer, nem descansar, enquanto comigo não casar.

Deve-se dizer três vezes seguidas.

Oração para Enfeitiçar

Fulano(a), eu te prendo, eu te amarro, cordeiros de São Pedro e de São Paulo para que *fulano(a)* não tenha descanso em parte alguma do mundo, debaixo de penas e obediências, preconceitos superiores.

Deve ser dita nove vezes.

Oração para Enfeitiçar

Preparam-se dois bonecos de pano, com linha e algodão. Depois de prontos, devem ser unidos bem abraçados. Em seguida, pegue um novelo de linha e comece a enroscá-los, dizendo:

Fulano(a), eu te prendo, eu te amarro, em nome de Nosso Senhor Jesus Cristo; em nome do Pai, do Filho, do Espírito Santo, do poder de Jesus, *fulano(a)* não possa comer, nem beber em parte alguma do mundo sem que venha até mim; eu te prendo, te amarro assim como os poderes de Nosso Senhor Jesus Cristo foram presos e amarrados na cruz. Assim, *fulano(a)*, eu te prendo, eu te amarro. Tu não terás sossego enquanto não estiveres em minha companhia. Não comerás, não beberás, continuamente, pelos pecados desse mundo como os ventos voam no ar e a maré voa no mar, continuamente, o movimento da maré subir e descer, o Sol que nasce na serra, que se põe, esse descanso é o que te dou, *fulano(a)*, enquanto o teu coração em palma da minha vida, debaixo de penas e obediências, e preconceitos superiores, fica preso e amarrado, assim como ficam esses dois bonecos atados e amarrados.

Oração da Estrela

Pegar uma faca virgem, apontar para a estrela e ir dizendo:

Minha estrela reluzente, aquela que mais brilha no céu, vai até o coração de *fulano(a)*, com a coroa fechada da madre de São Lucas, Santa Isabel. Está detida a coroa de ouro, em confiança, na mão, na câmara. Se ele(a) estiver dormindo, não dormirá, se gozando, não gozará, enquanto comigo não vier falar. As estrelas se levantam, em fatias na mão consagrou, na missa celebrou o cálice, se fulano(a) quiser levantar, não levantará enquanto comigo não vier falar sem demora. Padeça ao pé da cruz *fulano(a)*.

Rezar esta oração olhando para uma estrela, não deixando ninguém ver.

Oração da Pedra Cristalina

Minha pedra cristalina, no mar foi achada, entre o cálice e a hóstia consagrada, tremem a terra e as mãos, treme nosso Senhor Jesus Cristo no altar, assim treme o coração de meus inimigos, quando olhares para mim eu te benzo em cruz, entre o Sol e a Lua e as estrelas e a Santíssima Trindade.

Meu Deus, na travessia eu avistei meus inimigos, o que faço com eles?

Com o manto da Virgem Maria serei coberto, com o sangue de Nosso Senhor Jesus Cristo serei valido. Meus inimigos têm vontade de atirar, porém não atirarão, se atirarem de espingarda, o cartucho cairá pelo chão, se me amarrarem, as cordas se desatarão, se me trancarem, as portas se abrirão.

Oferecimento

Salvo fui, salvo eu sou, salvo serei, com a chave do sacrário eu me trancarei, em nome do Pai, do Filho e do Espírito Santo, Amém.

Rezar um Pai-Nosso, três Ave-Marias, três Glória-ao-Pai, e oferecer às cinco chagas de Nosso Senhor Jesus Cristo, em intenção à Pedra Cristalina.

Rosário de Santo Antônio

Rezando nas contas do Pai-Nosso:
– Santo Antônio pequenino dos afetos
amarrado, amarrai por amor quem de
mim quiser fugir.

Rezando nas contas da Ave-Maria:
– Santo Antônio tem de mão que
trazer *fulano* aqui.

Rezar no rosário e depois depositá-lo em torno da imagem de Santo Antônio, até o(a) amado(a) vir. Depois, rezar um Pai-Nosso em intenção de Santo Antônio para trazer o que se deseja, manso, brando, humilde.

Oração ao Sol

Bom-dia, Sol. Bom-dia,
Sol, onde está fulano ou fulana?
Está em que lugar *fulano?*

Dê três arrochos, três acochos, três abalos de piedade e três acochos de amizades. S*e. fulano(a)* estiver comendo, é para não comer; se estiver conversando, é para não conversar; se estiver dormindo, é para não dormir; se estiver trabalhando, é para não trabalhar. O que estiver fazendo não é para fazer. *Fulano(a)* há de correr atrás de mim como os cavalos correm atrás de capim, os bezerros correm atrás das vacas para mamar. Assim, *fulano(a)* há de correr atrás de mim de lá para cá, já, já e já. Diante de Deus e da Virgem Maria, seja mulher ou homem, *fulano(a)* a ame, a adore, seja eu e *outro(a)* não. Aleluia, amém.

Rosário das Almas Santas do Cemitério da Bahia

Minhas almas santas do cemitério da Bahia. Três que morreram afogadas, três que morreram queimadas, três que morreram degoladas, três que morreram enforcadas, três que morreram arrastadas, todas juntas, todas três, todas seis, todas nove, todas doze, todas quinze, vão à casa de *fulano(a)*, não pela porta ou janela, mas por todo membro do corpo, cada uma com sua navalha, dê-lhe três talhos, três sopros, três abalos no coração. *Se fulano(a)* estiver conversando, desconversar, se estiver sorrindo, entristecer, se estiver comendo, largar a comida, se estiver dormindo, acordar. Não há de parar nem sossegar enquanto esse pedido não me fizer. Nas Ave-Marias, minhas almas santas, fazei-me esse pedido no rosário das minhas almas santas benditas, aquelas que mais adoro com Nosso Senhor Jesus Cristo, rogai-me esse pedido. Andai, andai, mãe de Maria, andai, andai, não demorai.

REZAS
DE OFERECIMENTO

Oferecimento do Credo para Quando se Viaja

Salvo eu saio, salvo eu chego, salvo eu ando, salvo andarei, dia e noite, viajando, dormindo ou acordado como São João Batista foi acordado e batizou Nosso Senhor Jesus Cristo no Rio Jordão, assim eu serei livre e salvo dos meus inimigos corporais, espirituais.

Na barquinha de Noé eu me tranco, com a chave do sacrário eu me trancarei em Jesus Cristo, com as oito palavras do credo eu me benzo em nome do Pai, do Filho e do Espírito Santo, amém.

Pai-Nosso para Doutrinar Maus Espíritos

Nosso pai que está no céu, graças eu vos dou ao vosso santo nome, vos peço em nome do vosso amado filho, Nosso Senhor Salvador, Jesus Cristo, forças para acorrentar este vumbe cucurucage ignorante, atrasado, que não conhece Deus como seu advogado.

Vai ao cemitério, que lá tu verás os teus restos mortais.

Rosário Apressado da Virgem da Conceição

Inicia-se rezando normalmente o rosário. Mas nas contas do Pai-Nosso, em vez de rezá-lo, faz-se um pedido, assim:

No Pai-Nosso:
Minha Virgem Imaculada da Conceição, vós não dissestes que vos chamasse 150 vezes no dia e 150 vezes na noite, vos vaieis, pois está chegando a ocasião de vós me dardes a minha saúde e fazerdes com que me apareça trabalho.
Nas 10 Ave-Marias:
Valei-me a Virgem da Conceição. (Repete-se em cada conta.)

E assim vai, até terminar o rosário. Quando chegar na última conta, repetir todos os pedidos, acrescentando: "Valei-me Virgem Imaculada Conceição, em nome de meu Senhor Jesus Cristo, mártir São Sebastião, Frei Damião, Cosme e Damião, está entregue esse rosário apressado, com esses 15 mistérios ao Divino Espírito Santo e à Virgem Imaculada Conceição. Pai, Filho e Espírito Santo, amém.

REZAS PARA VÁRIOS FINS

Oração para Ganhar no Bicho

Eu faço esta oração com os poderes de Jesus Cristo e Maria Virgem! Quero em sonho, em espírito, ver, ouvir e conversar com o rei dos Guerreiros de Jurema para que ele me dê uma esmola, pelo amor de Deus.

Cabocla de pena, me acompanhe em sonho para que eu veja e conheça a verdade e os poderes da Jurema e dos guerreiros da Jurema; mostre-me em sonho claro e bem visível o animal, centena ou milhar da loteria de amanhã. Jurema, tenha piedade de mim, sou eu que lhe peço e por necessidade me vejo obrigado a lhe pedir esta esmola, pelo amor de Jesus Cristo. Cabocla de pena, tenha compaixão de mim, faça-me esta caridade, pelo amor de Deus todo-poderoso.

Na hora de deitar, acender uma vela pequena e deixar acesa. No caso de sonhar e acordar, estando a vela acesa, pode apagá-la.

Oração a São Benedito

Benedito, Benedito, Benedito. Santo, três vezes foste padre, três vezes foste frade, três vezes foste à campa bater, foste chamar pelo teu irmão frade. Benedito! Se o que eu peço for certo, eu quero ouvir três sins pelas bocas dos pecadores, pelas bocas dos inocentes e pelos rios correntes. E se o que eu peço não der certo, quero ouvir três nãos pelas bocas dos pecadores, pelas bocas dos inocentes e pelos rios correntes.

Repetir três vezes, não se esquecendo de fazer o pedido.

Oração a São Pedro para se Certificar de Alguma Coisa

Meu glorioso Pedro, vós a Deus negastes três vezes antes do galo cantar, correstes, vos escondestes até vos arrependerdes, sentastes num lazeiro de pedra e vos pusestes a chorar. Deus mandou um anjo atrás de vós dizendo: Pedro, Pedro, Pedro, a chave do céu é vossa, assim meu glorioso senhor São Pedro, como estas palavras são santas e verdadeiras, mostrai-me em sonho o que desejo ver em águas claras, campos verdes, casas caiadas e cavalheiros bem trajados, se não for verdade, mostrai-me águas turvas, campos secos, casas velhas e cavalheiros mal-entrajados.

Rezar um Pai-Nosso, uma Ave-Maria e uma Salve- Rainha, até o "nos mostrai".

REZAS
DE SÚPLICAS

Novena das Almas

Minha Virgem do Carmo, mãe dos carmelitas, socorrei as almas que vivem mais aflitas.

Repetir três vezes.

Oração

O almas benditas milagrosas, abençoadas pelas três pessoas da Santíssima Trindade, almas que morreram enforcadas, queimadas, afogadas, vós fostes como eu, eu serei como vós. O almas santas cativas, almas dos santificados, almas dos vigários, almas dos prelados, almas abandonadas e todas as almas, aquelas que estão mais perto de Deus Nosso Senhor, rogai por mim, para alcançar a graça que vos peço... (*aqui fazer o pedido*). Pelo poder de Deus, Espírito Santo, Almas Santas Benditas atendei meu pedido. Assim como Nosso Senhor Jesus Cristo desceu na Terra no santo sacrifício e na hora da consagração da hóstia, vinde todas ao meu auxílio para alcançar a graça que vos peço, pelo vosso poder, Pai, Filho, Espírito Santo, reunidos como as três pessoas da Santíssima Trindade que foram grande mistério. O almas aflitas do purgatório, atendei meu pedido. Almas que morreram queimadas, almas que morreram enforcadas, almas santas benditas que Cristo adorou, contemplai e atendei o meu pedido, para que eu seja livre de todo o perigo no corpo e na alma. Para que eu seja feliz obtendo bom resultado nos meus negócios e alcance a graça que vos peço, atendei meu pedido, minhas almas santas benditas, eu vos peço pela hora que nascestes, pelas penas do purgatório, vinde todas ao meu auxílio. Valei-me nas aflições, nos perigos, livrai meu corpo, minha alma de todos os obstáculos, dificuldades que puserem em todos os meus caminhos, perturbações que fizerem, ajudai-me, ó almas aflitas do purgatório, principalmente as mais abandonadas, que morreram queimadas, enforcadas, pedi a Deus por mim. Não me afastai o socorro do céu, o pão de cada dia. Pedi e rogai a Nosso Senhor Jesus Cristo, principalmente pelas chagas do lenho que tanto fez sofrer aquele homem santificado, no Horto das Oliveiras, que prostrou por terra suor, o sangue de nossos pecados, transpassou na cabeça de Jesus, pela cruz que Ele carregou no ombro pelas ruas de Jerusalém, pelo último suspiro que Ele exalou na cruz, por todos os mortos desta oração. O Santíssima mãe, pedi e rogai por mim para que eu alcance a graça que vos peço... *(fazer ou repetir o pedido)*.

Rogai Jesus na hóstia e no cálice consagrado, no Santíssimo Sacramento da Eucaristia, pela gloriosa ressurreição, que me alcance essa graça que vos peço, ó, minhas almas santas, benditas, principalmente as que morreram enforcadas, queimadas, degoladas, vos peço pelas dores de Maria Santíssima, que sofreu no mundo desde o nascimento de Nosso Senhor Jesus Cristo até a morte. Por todas as lágrimas que ela derramou durante a paixão e a morte, quando viu só no mundo o seu filho santíssimo por todos os martírios de seu coração de mãe aflita, alcançai a graça que vos peço, pedi e rogai a Jesus Cristo e Maria Santíssima que me livrem de todos os males e falsos perigos a que estou exposto. Devo a vós a graça, principalmente em honra preservada de tantas faltas e perigos que eu terei de cair na mão de vosso amparo, auxiliai e esclarecei a minha consciência. Iluminai-me com a luz celestial, a fim de que eu conheça as minhas faltas e malícias.

Rezar o Credo.

Oração para Apartar Sangue

Sangue tens em ti,
Gomo Nosso Senhor Jesus Cristo
teve em si.
Sangue tens na veia,
como Nosso Senhor Jesus Cristo
teve na ceia.
Sangue tens no corpo,
como Nosso Senhor Jesus Cristo
teve no horto.
Sangue tens firme e forte,
como o teve Jesus Cristo
na hora da morte.

Rezar três vezes seguidas.

Oração para Talhar Sangue Correndo

Deus subiu ao Horto
sangue picura ao corpo
sangue picura a veia
assim como Jesus se
atou na hora da ceia,
sangue picura a veia,
sangue picura a veia.

Explicação: No lugar onde está correndo o sangue, ir fazendo o sinal da cruz e depois rezar cinco Pais-Nossos em intenção do sangue que Jesus derramou.

Oração à Santa Estrela do Céu

Minha Santa Estrela do Céu, que criou o Senhor e a morte e quebrantou o primeiro pai do homem, filho de uma estrela conferida da morte cruel, ó piedosa Estrela do Céu, livrai-me da peste, da fome, da guerra, já que vosso filho nada vos nega, vos ama, vos adora, pelo amor daquela estrela tão preciosa, tão docilmente amada, contra o perdão dos nossos pecados, para que minha casa seja livre da peste, com o nome de Deus. Amém.

Oração para o Santíssimo Sacramento

Meu Santíssimo Sacramento, eu não tenho pai, o pai que tenho sois vós e por vós eu peço que me ajudeis nas minhas necessidades.

Meu Santíssimo Sacramento, eu não tenho mãe, a mãe que tenho é a Virgem Maria e por ela eu vos peço que me ajudeis nas minhas necessidades.

Meu Santíssimo Sacramento, eu não tenho irmão, o irmão que eu tenho são os doze apóstolos de meu Senhor Jesus Cristo e por eles eu peço que me ajudeis nas minhas necessidades.

Meu Santíssimo Sacramento, eu não tenho irmã, a irmã que eu tenho são as onze mil virgens e por elas eu vos peço que me ajudeis nas minhas necessidades.

Meu Santíssimo Sacramento, eu não tenho padrinho, o padrinho que tenho é o Pai Eterno e por Ele eu vos peço que me ajudeis nas minhas necessidades.

Nas Ave-Marias, dizer sempre: "Valei-me o Santíssimo Sacramento."

Oração a Santo Antônio Pequenino

Santo Antônio Pequenino que vós me guieis em bom caminho, sete estrelas me alumiem, sete anjos me acompanhem, para o cão não me atentar nem de dia nem de noite, nem na hora que eu for me deitar.

Oração a São Jorge

O glorioso São Jorge, ínclito soldado de Nosso Senhor Jesus Cristo. Vós, admirável valente, subjugastes com amor a Jesus e fé inquebrantável o infernal inimigo, representado pelo monstruoso dragão que vemos aos pés de vossa imagem, vós decantado confiante nos primeiros tempos, ajudai-nos a alcançar a graça de Deus, claríssimo São Jorge, para que possamos seguir o vosso estupendo exemplo de doação total. Cristo venceu as tentações do demônio, venceremos convosco que sustenta até o fim do bom combate contra os inimigos de Deus e de nossa salvação eterna, amém.

Oração às Sete Estrelas

Valei-me as sete estrelas,
Valei-me as sete virgens,
da mesa da comunhão.
Valei-me as sete velas brancas
que arrodeando elas estão.
Valei-me o cálice de amargura
e a hóstia consagrada.
Valei-me, São Sebastião.

Rezar três Pais-Nossos, oferecidos às sete estrelas.

BIBLIOGRAFIA

AZEVEDO, Téo. *Plantas Medicinais e lienzeduras*, Top-Livros, 1981.

CAMPOS, Eduardo. *Medicina Popular do Nordeste*. Rio de Janeiro: Edições O Cruzeiro, 1967.

CÉSAR, G. *Crendices, suas Origens e Classificações*. Rio de Janeiro: MEC, 1975.

CHACON, D. *Receitas Mágicas*. Recife, 1973.

RAMOS, A. *O Folclore Negro no Brasil*. Rio de Janeiro: Civilização Brasileira, 1935.

RAMOS, N. *Rituais Negros e Caboclos*. Rio de Janeiro: Pallas, 1984

RAMOS, N. *Receitas de Feitiços e Encantos Afro-brasileiros*. Rio de Janeiro: Pallas, 1985.

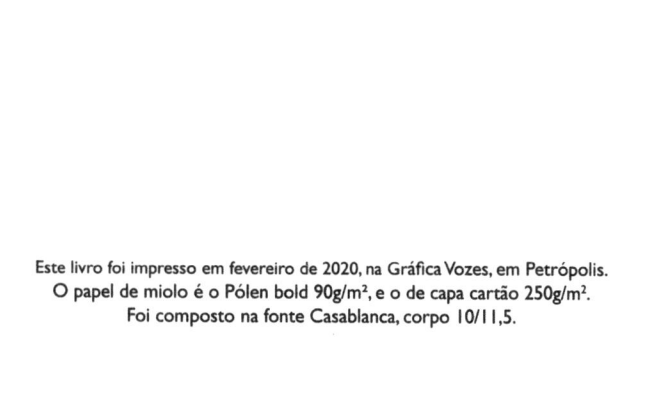

Este livro foi impresso em fevereiro de 2020, na Gráfica Vozes, em Petrópolis.
O papel de miolo é o Pólen bold 90g/m², e o de capa cartão 250g/m².
Foi composto na fonte Casablanca, corpo 10/11,5.